AF256007